LA

SITUATION

PARIS. — IMP. SIMON RAÇON ET COMP., RUE D'ERFURTH, 1.

LA
SITUATION

Patrie et liberté.

PARIS
PERROTIN, LIBRAIRE-ÉDITEUR
41, RUE FONTAINE-MOLIÈRE, 41

Avril 1861

LA SITUATION

Patrie et liberté.

I

A aucun moment de l'histoire la scène du monde n'a paru chargée de plus d'événements et de plus de personnages. Essayons de démêler ce qu'il y a d'inquiétudes et d'espérances marquées pour la fin d'un si grand drame ; essayons surtout de saisir d'avance le secret de la gloire croissante et de la prospérité définitive de la France.

II

Quel spectacle! Une nation tout entière qui se réveille sur le sol sacré de cette Italie d'où les aigles romaines sont parties, il y a deux mille ans, pour la conquête de l'univers; à Rome même, sur la chaire de saint Pierre, le roi des consciences, de la main de qui va tomber enfin le sceptre usurpé du pouvoir temporel, et, sur toute la terre, une alarme injuste et impie jetée par ses ministres dans les âmes qu'il gouverne; l'Autriche chassée par le canon français jusque sous les forts de Mantoue et de Vérone, et regardant déjà par derrière si le rempart des Alpes lui offre une retraite; ses peuples désertant le patriotisme impérial et frémissant au nom de leurs diverses patries qui veulent renaître toutes ensemble; la Hongrie la main sur son glaive; la Pologne animée enfin d'une volonté et d'une joie calme et sage; la Russie en un jour se créant des millions de citoyens là où elle n'avait que des millions d'esclaves; la Prusse, et l'Allemagne autour d'elle, oubliant Hégel et Schiller pour rêver à l'unification des principautés germaniques, mais enlacées encore dans les liens de la société féodale, et trop attachées à leur vieille haine de la France; la pieuse, la fanatique Espagne, orgueilleuse des souvenirs du Cid, qu'elle a fait refleurir sur la terre des Maures, mais inattentive aux aventures de la royauté papale, et, pendant que les prétendants se la disputent jusqu'à en mourir, cédant à la civilisation moderne, qui envoie par delà les Pyrénées des terrassiers et des machines; l'Angleterre enfin, la vieille Angleterre jetant de tous côtés un regard inquiet, et ne sachant point par quelle ruse ou par quelle audace elle sauvera son trident de Neptune.

Au delà des frontières de la civilisation européenne, quel spectacle encore! Les Turcs, à qui le siècle dit qu'il faut replier leurs tentes et retourner camper en Asie, si les Arabes le permettent; la Syrie en feu; l'isthme de Suez déchiré pour laisser se joindre les mers; l'Inde mal vaincue par ses maîtres, et que dompte seulement une effroyable famine; la Chine antique, tant de fois ouverte et tant de fois refermée, rouverte cette fois jusqu'au cœur de l'empire, et payant tribut à un vainqueur que quatre mille lieues séparent de Pékin. L'Amérique elle-même n'est-elle pas saisie par l'esprit d'inquiétude? L'œuvre pacifique de Washington s'écroule pendant que l'Europe l'admire encore. C'est à peine si, du pôle au pôle, livrée aux seuls fléaux de la nature, quelque région demeure en paix.

Tout cet ébranlement du monde est l'écho du cri de liberté et de fraternité que la France a jeté en 1848, et du cri de guerre et de liberté qu'elle a jeté en 1859.

Il y a quinze siècles déjà que la France agit au nom de Dieu.

III

Mais le bruit des peuples qui se lèvent et qui s'agitent autour de nous ne peut nous empêcher de songer à ce qui se passe chez nous-mêmes. Et certes, si la France est comme un soleil qui meut les mondes de la politique terrestre, ce n'est pas qu'elle soit un moteur immobile et insensible : toute une tempête d'enthousiasme et d'incertitude, de volonté et d'irrésolution, agite et trouble son cœur.

Il faut pourtant que ce cœur se calme ; il faut que la pensée de la France rentre dans sa sérénité et dans sa clarté ; il faut que ses amis et ses ennemis sachent ce qu'elle veut, et le règlement des questions les plus délicates et les plus périlleuses de la politique extérieure ne sera plus qu'une affaire de sagesse et de temps.

Or, ce que la France veut, c'est, chez elle, pour la liberté et pour l'égalité, l'accomplissement du programme complet de 1789 ; c'est, au dehors, le triomphe des principes et des idées de la Révolution française. Ce qu'elle veut aussi, c'est que tous ses enfants se réconcilient et que l'abominable peste des guerres civiles ne souille plus jamais son histoire. Elle veut encore que le moins de sang possible soit versé sur les champs de bataille du monde pour la cause de la civilisation moderne et de la révolution pacifique.

IV

C'est une pure expression que de dire que l'ère des révolutions est fermée. La Révolution a devant elle un cours indéfini, et son ère ne sera close que lorsque l'humanité sera relevée par Dieu du rôle qu'elle joue sur la terre. La Révolution c'est tout l'avenir.

A l'arrivée de Jésus cesse le monde antique. Le moyen âge commence avec l'émancipation prêchée par le Christ et va jusqu'en 1789. Le 5 mai 1789 s'ouvre, non pas l'ère des révolutions, mais le temps de la révolution elle-même, qui est l'âge adulte de la raison humaine.

Elle a débuté par des combats qui peut-être ne sont pas terminés, mais son programme conduit à la paix universelle. Un juste révolutionnaire, ce n'est pas un agitateur stérile ; c'est un ami, un apôtre, un soldat de l'ordre définitif.

Eh bien! la France veut que cet ordre nouveau s'établisse, et jamais elle n'a voulu autre chose. Il y a une

France active qui se repose quelquefois; il n'y a point de France réactionnaire et rétrograde.

V

Qu'a fait la France depuis 1789? A-t-elle jamais renié les principes de l'Assemblée constituante? A-t-elle jamais amené devant les rois le drapeau de la Révolution? De 1789 à 1792 elle essaye de réaliser l'accord de la vieille monarchie et des idées nouvelles; de 1792 à 1804, devenue République, elle résiste à l'Europe féodale qui l'attaque; elle suspend l'exercice de la liberté, s'arme de l'esprit de conquête et saisit ses frontières naturelles; de 1804 à 1815, elle les dépasse en suivant dans sa course fabuleuse le héros qu'elle a laissé se couronner en son nom du diadème impérial et qui révolutionna les nations en battant successivement leurs généraux et leurs princes. Épuisée en 1815, après vingt-cinq années de guerres et de triomphes, elle succombe sous l'effort de l'Europe entière, et son ancienne monarchie lui est imposée comme une honte et comme un frein. Mais le fardeau de la victoire des étrangers, elle le secoue en 1830 et tente pour la seconde fois, sous l'étendard tricolore, l'épreuve du gouvernement constitutionnel.

Privée de la continuation de sa gloire impériale et républicaine et mécontente aussi d'un régime de liberté qui ne satisfaisait qu'une classe de la nation et ne servait pas assez fidèlement les intérêts démocratiques de la nation tout entière, la France renonce une fois encore à la royauté et redevient République. On a fait le procès de la seconde République française, et les pièces ne manquaient pas pour le faire; mais l'impartiale histoire saluera ce noble mouvement de 1848, qui rendit une âme à la France, qui replaça sur son horizon des rêves généreux, qui, un moment, faillit renouveler toutes les sociétés d'Europe sans qu'il en eût coûté une goutte de sang. La faiblesse des hommes d'État, l'impatience de la foule, la folie des sectaires, la perfidie de quelques hommes ont ruiné tant de belles espérances! Inquiète et trompée, la France s'est retournée vers l'héritier de Napoléon et lui a laissé prendre le gouvernement de la République.

VI

Était-ce pour abdiquer sa belle gloire de peuple libre et de peuple libérateur? Il est vrai que pendant quelques années l'air n'a retenti que de chants d'amour en l'honneur du principe d'autorité et qu'il y a eu des jours amers pour ceux qui ne s'abaissent jamais. Il a fallu payer ce tribut à l'esprit de crainte qui serpente encore au bas des œuvres de l'esprit nouveau. Plaignons ceux qui sont morts sans avoir entendu sonner l'heure du réveil ; mais, comme l'a dit Chateaubriand, les siècles ne se chargent pas de verser des larmes héréditaires, et le temps des récriminations est passé.

D'où qu'il vienne, l'empire de 1861 n'est plus l'empire de 1852. Ceux qui l'avaient le plus applaudi et acclamé à sa naissance lui refusent à présent leurs applaudissements et leurs acclamations. Voilà un signe ; car ceux-là n'étaient pas les enfants de la Révolution française et les intrépides défenseurs des idées et des principes de 1789. L'un d'eux ne déclarait-il pas l'autre jour, dans sa harangue, que l'Empire avait été fait par les catholiques et qu'il devait leur appartenir ? Or, qui dit catholiques, en ce moment, et d'après les termes de la dernière allocution pontificale, dit les ennemis de la Révolution et de la civilisation moderne.

Ne leur parlez pas de l'amnistie décrétée en 1860; ne leur parlez pas du décret du 24 novembre qui rappelle la liberté de l'exil : ils ne savent qu'une chose, c'est qu'en 1859 l'Empereur a chassé l'Autriche de presque toute l'Italie et que le pape est le client de l'Autriche.

Que la France se prononce donc formellement, et qu'elle dise, puisqu'elle a fait ou accepté l'Empire, qu'elle dise dans quelle voie doit toujours être l'Empereur pour justifier le coup d'État du 2 décembre et les suffrages populaires.

Voici le moment venu de recommencer vaillamment l'histoire nationale. Rassemblons-nous, jugeons-nous, comptons-nous.

Il s'agit de savoir où nous sommes, qui nous sommes, et qui nous voulons être.

VII

Quand même l'histoire ancienne pourrait être comparée à la nôtre, on n'y trouverait pas l'exemple de la conduite tenue par l'Empereur au mois de novembre 1860. Voilà la première fois qu'un souverain qui, en définitive, jouissait d'un pouvoir absolu, rétrécit lui-même le cercle de son autorité et, quelque langage effaré que ses conseillers lui tiennent, décrète que la nation qui s'est jetée dans ses bras doit commencer à penser, à vouloir et à agir avec lui.

Laissons aux esprits trop subtils le soin d'indiquer dans quel piége cette restitution nous peut faire tomber, et ne pensons qu'au bien si éminemment précieux que l'on nous devait et qu'on nous restitue. La liberté n'est pas rendue tout entière, mais elle le sera nécessairement, si nous voulons qu'elle le soit. Seulement, nous en servirons-nous de la même manière que si rien ne s'était passé depuis le 26 juillet 1830 et depuis le 25 février 1848? Et n'est-ce que pour retomber dans les mêmes erreurs que nous allons être libres? Non, cela n'est pas possible.

VIII

Voyons d'abord en face de qui se trouve placé l'Empereur libéral de 1859 et de 1861, et quels moyens il a de consulter l'opinion du pays.

Le Sénat et le Corps législatif ont été invités par le chef de l'État à lui faire connaître ce qu'ils pensent de la politique impériale. Quel langage ont-ils tenu?

Sans doute c'est par un vote de confiance que se sont terminées les deux premières discussions publiques de cette politique; mais le Sénat, qui a failli sacrifier l'Empereur au pape et qui a prêté une oreille attentive aux déclamations du marquis de la Rochejaquelein et du marquis de Boissy comme aux paroles de M. Barthe, si habilement arrangées, mais si étranges dans la bouche d'un carbonaro de 1829 et d'un patriote exalté de 1830, le Sénat s'est-il tenu à la hauteur de la situation actuelle ; a-t-il compris le rôle qu'il joue dans une société qui a vu deux républiques et dans un siècle témoin de tant de merveilles de la raison et de l'audace humaine?

Le décret même qui lui donnait le droit d'adresse, avec quelle rigueur il a voulu que la liberté de la presse y gagnât le moins possible! Le Sénat de 1814 était plus libéral : il ne proposait pas les réformes, mais il n'aurait pas amoindri celles que Napoléon aurait voulu décréter. Plus sûrement encore il n'aurait pas fourni tant d'adversaires pour combattre une politique qui, cette fois, devant l'étranger, est révolutionnaire, dans le grand sens du mot, libérale et nationale.

C'est que les sénateurs, collègues de Sieyès, de Volney, de Cabanis, avaient été choisis ou plutôt qu'ils s'étaient choisis presque tous parmi les hommes de 1789 et qu'ils voulaient « conserver » presque toute la révolution qui les avait enfantés. Nous n'en saurions dire autant du Sénat de 1852. Qu'il le veuille ou non, il n'est pourtant venu au monde, comme l'Empire, que parce qu'il y a eu une révolution du 24 février 1848.

Un homme y a parlé la langue de son époque et de son pays : c'est le prince Napoléon, parce qu'il s'est souvenu de ce que pensait la nation au moment où les Bonaparte sont rentrés en France.

On pouvait plutôt craindre les manifestations réactionnaires du Corps législatif de l'Empire; et le Corps législatif a paru plus libéral que le Sénat. Mais que d'habileté, que de détours, que de promesses même n'a-t-il pas fallu pour que les orateurs du gouvernement empêchent la majorité d'absoudre, en définitive, les discours de MM. Plichon, Kolb-Bernard et Keller!

L'Empereur se rappelle qu'il est le chef de la France de 1789, de 1830 et de 1848, et, pour un peu, il est obligé de s'arrêter devant la Chambre introuvable de 1815!

A-t-on vu les députés se réjouir et se préoccuper beaucoup pour la liberté du retour de la liberté? Ils n'ont voulu y trouver qu'une occasion de déclamer au profit des passions ultramontaines de la Restauration et des doctrines économiques du règne de Louis-Philippe. Aucun n'a senti ce qu'il y a d'extraordinaire et presque d'impossible dans la situation des choses et des hommes. Aucun, disons-nous; mais il y a eu pourtant un homme de sens pour s'en étonner. Le Corps législatif, il est vrai, a ri aux larmes pendant qu'il parlait. Et pourquoi? Parce qu'il n'était pas orateur.

M. de Pierres n'a pas à s'en désoler. Ses paroles sont pleines de sens. Voici la fin de son discours :

« Oui, je dis que c'est la situation qui est violente, car lorsque vous n'avez en face de vous que le souverain, la moindre contradiction est séditieuse.

« Messieurs, je voudrais arriver à une conclusion : c'est qu'il faut qu'une porte soit ouverte ou fermée. On ne donne pas des libertés et on ne les retient pas ensuite. Si vous nous donnez la liberté, donnez-nous des conditions pour que nous nous en servions.

« Quant à moi, il m'est impossible de prendre au sérieux les conditions dans lesquelles on nous donne la liberté. Jamais il ne m'arrivera de discuter ici les actes du souverain, parce qu'il me faut des ministres qui soient devant nous responsables. Jusqu'à présent je n'avais pas compris la sagesse des fictions constitutionnelles. Les ministres qui avaient étudié les rouages du gouvernement constitutionnel auraient dû prévoir cette situation violente. Quant à moi, je le répète, ce n'est qu'aujourd'hui seulement que j'apprends à connaître la sagesse de ces fictions. »

IX

Tout cela est parfaitement juste, et il n'est que trop clair que, lorsque les représentants de la nation sont investis du droit de parler pour elle sur les grandes questions de la politique, il faut pour les écouter et pour leur répondre d'autres personnages que des ministres sans responsabilité; mais quelque chose que M. de Pierres ne pouvait pas dire et qui n'est pas d'une moindre justesse, c'est que lorsqu'il se fait dans un État un changement de politique aussi soudain, aussi imprévu et aussi considérable, il est difficile de comprendre qu'il n'y ait pas aussi un changement considérable parmi les acteurs de la politique.

Sans parler ici des ministres et des membres des grands corps de l'État, n'y a-t-il pas quelque chose de choquant dans le changement de langage trop subit de ceux qui passent pour parler et pour écrire au nom du gouvernement?

La France n'est peut-être pas sans souffrir un étonnement mêlé d'une arrière-pensée de défiance ancienne et de crainte, lorsqu'elle voit les mêmes hommes qui ont loué la compression et presque la servitude, l'exciter à présent à jouir de la liberté, et qu'elle entend parler de nationalités renaissantes, de principes de 1789, de nécessités démocratiques des temps nouveaux, les mêmes hommes qui ont insulté avec le plus d'aigreur, après leur chute, les défenseurs de la démocratie, de la révolution de 1789 et des nationalités.

Sans doute la versatilité de quelques écrivains et de quelques journalistes n'a pas une grande importance. Au moins il est important qu'il soit bien connu, et en France et en Europe, que la France est aussi libérale que l'Empereur, qu'elle n'a point cessé de l'être et que le personnel de la politique intérieure n'est pas la personnification exacte de sa pensée.

Le Sénat veut réduire la valeur libérale du décret du 24 novembre; il essaye d'arrêter en Italie le mouvement de la révolution nationale; mais l'Empereur sait bien que les sénateurs, désignés par lui seul, ne représentent nullement l'opinion de la France. Il sait aussi que la presque totalité des députés du Corps législatif ont été nommés par les électeurs sur la recommandation de son gouvernement, et il peut croire que s'il lui plaisait d'en faire recommander d'autres demain, les électeurs ne feraient pas difficulté de voter pour eux. Le peuple des campagnes a accepté partout les candidats du gouvernement de l'Empereur, parce qu'il les a crus tout à fait dévoués à sa politique et parce qu'il pense que cette politique ne doit aboutir qu'à l'exécution du programme de 1789. Aussi est-il impossible qu'en consultant les grands corps de l'État le gouvernement ait cru qu'il allait entendre parler la France. Ni le Sénat ni le Corps législatif ne représentent réellement l'opinion du pays.

X

Chaque opinion particulière se prétend toujours assurée du témoignage de l'opinion publique et s'en réclame. Il faut donc dire ce que c'est que l'opinion publique. Pour les questions de détail, il n'y a guère à savoir qu'en penser que ceux qui ont le loisir de les connaître. Ainsi le décret du 24 novembre, qui doit avoir des conséquences si importantes, n'a sans doute point passionné les journaliers des champs. L'opinion publique, quand il s'agit de la liberté politique, ce n'est donc guère que l'opinion des habitants des villes. Qui oserait dire qu'ils ne sont pas presque tous partisans du rétablissement de la liberté? Alors que le chef du gouvernement ne parlait pas de réformes libérales, n'est-ce pas dans les villes que l'opposition s'est maintenue hardiment? Comment les villes ont-elles voté en 1857 et même en 1852? Comment Paris, qui évidemment est la plus éclairée des cités de la France, a-t-il voté en 1857, en 1852, et même le 21 décembre 1851, vingt jours après le coup d'État et sous le régime de l'état de siége?

Le Sénat ne peut invoquer cette opinion publique, l'opinion des villes, lorsqu'il marque l'intention d'arrêter l'Empereur dans le chemin qu'il veut suivre désormais.

Est-ce sur la grande et capitale question de la destruction ou de la conservation du pouvoir temporel de la papauté qu'il faut consulter l'opinion publique? Cette fois, tout le monde la peut comprendre, et le plus mince ouvrier des champs, une fois qu'elle lui sera proposée nettement, la résoudra sans peine. Mais la France est le pays des « bleus, » et les « blancs » n'y sont qu'en bien petite minorité. N'en doutez pas un instant : si l'on votait demain par oui et par non sur cette question décisive, et que le gouvernement se contentât de recueillir les votes, la France de 1789, de 1830 et de 1848 dirait à l'Empereur de laisser périr le gouvernement temporel des cardinaux et de garder cependant une armée à Rome, si l'intérêt de sa politique militaire l'exige. Au surplus, c'est une expérience à faire.

Mais en attendant que d'une manière ou d'une autre elle soit faite, le gouvernement se trouve devant un Sénat et un Corps législatif où il est évident que l'opinion de la France libérale et libératrice n'a pas assez d'échos.

XI

Dans sa proclamation du 2 décembre 1851, le Président de la République désignait ainsi par avance le Sénat qu'il voulait instituer :

« Une seconde assemblée formée de toutes les illustrations du pays, pouvoir pondérateur, gardien du pacte fondamental et des libertés publiques. »

Dans le préambule de la Constitution de 1852, il en parle en ces termes :

« Une autre assemblée prend le nom de Sénat. Elle

sera composée des éléments qui, dans tout pays, créent les influences légitimes : le nom illustre, la fortune, le talent et les services rendus.

« Le Sénat n'est plus, comme la Chambre des pairs, le pâle reflet de la Chambre des députés, répétant à quelques jours d'intervalle les mêmes discussions sur un autre ton. »

Le Sénat est-il formé de « toutes les illustrations du pays? » L'Empereur sait que la plupart des illustrations du pays n'y figurent pas. N'est-il plus, « comme la Chambre des pairs, le pâle reflet de la Chambre des députés? » L'Empereur sait quels reproches furent faits au Sénat, en 1856, dans un article fameux du *Moniteur*. Et l'Empereur, évidemment, soupçonne que si le journaliste de 1856 reprenait la plume, il trouverait des expressions sévères pour qualifier l'attitude du Sénat de 1861. Quant au Corps législatif élu en 1857, si le gouvernement voulait penser qu'il ne représente pas la France d'aujourd'hui, il n'a qu'à le dissoudre.

Mais comment ferait-il si les sénateurs inamovibles, à force d'opposition, entreprenaient de le maintenir dans la politique de compression qui a prévalu de 1852 à 1859? Nous croyons qu'il pourrait aussi le dissoudre, et soit le reconstituer, soit l'anéantir. Ce ne serait pas là un coup d'État comme le coup d'État du 2 décembre 1851, car il n'y aurait, comme on va le voir, aucune illégalité.

Cela peut surprendre ; mais l'Empereur voudrait demain supprimer le Sénat et même rétablir la République qu'avec l'approbation du suffrage universel il le pourrait entreprendre légalement, en vertu même de l'art. 5 et de l'art. 32 de la Constitution, et surtout de la déclaration qui servit de préface à la Constitution promulguée en 1852, et où il est dit :

« Le Sénat peut, de concert avec le gouvernement, modifier tout ce qui n'est pas fondamental dans la Constitution ; mais quant aux modifications à apporter aux bases premières, sanctionnées par vos suffrages, elles ne peuvent devenir définitives qu'après avoir reçu votre ratification.

« Ainsi le peuple reste toujours maître de sa destinée. Rien de fondamental ne se fait en dehors de sa volonté. »

C'est de cette façon qu'a été changée en 1852, après la promulgation de la Constitution l'une des bases premières de cette Constitution, telles que la proclamation du 2 décembre les avait posées. La présidence décennale est devenue l'Empire héréditaire, sur la proposition du Sénat et après un vote affirmatif du suffrage universel.

Rien ne s'oppose à ce que, d'accord avec le Sénat (art. 32), ou même sans le consulter (art. 5), l'Empereur propose à la nation quelque autre modification des bases mêmes des lois constitutives de l'État. L'Empereur ne s'est-il pas, en se déclarant responsable, réservé le droit d'en appeler au peuple de toutes les oppositions qu'il pourrait rencontrer, et n'a-t-il pas déclaré que le peuple reste toujours maître de ses destinées?

Et il ne serait même pas illégal que des citoyens présentassent une pétition au Sénat pour demander l'une ou plusieurs de ces modifications, comme la suppression ou la reconstitution du Sénat, et le retour à la responsabilité des ministres.

Il arrivera de deux choses l'une, ou que le Sénat et le Corps législatif se mettront à l'unisson de la pensée nouvelle de l'Empereur et du libéralisme perpétuel de la France, ou que l'Empereur usera du pouvoir qu'il a de supprimer ou de changer les personnages intermédiaires qui peuvent le séparer de la nation.

XII

Ce premier point éclairci, il y a une autre question à examiner qui est peut-être plus importante encore; car il est facile à l'Empereur de faire sa tâche, et il est moins facile aux citoyens eux-mêmes de s'organiser, de se former une opinion commune et de se tracer une ligne de conduite qui les écarte des erreurs du passé et les tienne à égale distance de la servilité et du mépris du gouvernement. Les circonstances sont si graves! Mais cette gravité même des circonstances doit engager tous ceux qui veulent le bien de la patrie à s'entendre pour reconquérir toute la liberté intérieure, sans rien perdre à l'extérieur de ce que l'Empire a rendu d'autorité et d'influence à la puissance française.

Que de gens ont ces mots à la bouche : « Le moment est venu de former un grand parti libéral ! » qui, pour le former, ne s'inquiètent pas d'où leur viennent leurs auxiliaires ! Oui, le parti libéral doit se reformer, mais non plus par une agrégation de mécontents de toute venue comme fut organisée la triste réunion de la rue de Poitiers et comme le *Courrier du Dimanche* semble avoir pris naissance. Il ne faut dans le grand parti libéral que des libéraux sincères et que des patriotes. Il n'y faut pas un seul de ceux qui font un si singulier mélange de la Révolution et du moyen age, et qui ne datent pas résolûment de 1789 le commencement de la nouvelle ère démocratique. Il n'y faut enfin aucun des hommes qui, de 1815 à 1830, se seraient accommodés de la liberté du drapeau blanc.

Les chefs naturels de ce grand parti, par le bénéfice de leur situation actuelle et de leur diverse influence, c'est d'un côté M. Jules Favre; de l'autre côté, ce pourrait être encore M. Thiers.

XII

La République de 1848 n'a pas eu le temps de produire des hommes d'État qui lui appartinssent. Pendant presque toute sa durée elle a été gouvernée par ceux qu'elle avait voulu écarter des affaires et qui voulaient expressément la détruire. Le général Cavaignac avait seul acquis un nom ; mais c'était le nom d'un chef du pouvoir exécutif, et non pas celui d'un ministre de monarchie constitutionnelle. Si quelques-uns des orateurs ou des politiques d'alors ont une incontestable valeur personnelle, leur dégoût ou leur âge les écarterait des affaires. M. Jules Favre se trouve être ainsi, en ce moment, la plus brillante personnalité du parti démocratique ; et c'est autour de lui que se grouperaient probablement les hommes qui auraient à jouer un rôle politique dans le même camp. Presque toute la jeunesse l'admire et ne jure déjà que par lui.

Mais il y a un autre homme plus âgé que lui, non moins passionné, plus passionné peut-être, dont le nom servirait aussi de ralliement à une partie de la jeunesse et à la presque totalité de la bourgeoisie : c'est M. Thiers. Pendant que M. de Lamartine, M. Guizot, M. Barrot,

M. Villemain, M. de Broglie, M. Duvergier de Hauranne, M. de Montalembert, M. de Falloux, M. de Rémusat lui-même restent confondus pour la foule sous la même dénomination d'hommes du passé, et, quoique profondément divisés entre eux, ne semblent plus former qu'une même famille d'esprits réactionnaires, la figure de M. Thiers, par un singulier privilége, reste illuminée d'une lumière de libéralisme et de patriotisme.

M. Thiers a dix ans d'activité devant lui. Une fois terminée sa grande *Histoire du Consulat et de l'Empire*, il ne se résignera pas à vieillir au milieu des murmures et des médisances de l'oisiveté. C'est trop peu que de petites cabales et des malices d'Académie pour nourrir l'intelligence la plus raisonnable et la moins paresseuse qu'il y ait en France. Inaccessible aux préjugés, capable, pour les grandes choses nationales de l'enthousiasme qu'il eut en 1830 pour la mise en fuite des Bourbons, attaché nécessairement à la cause de la Révolution dont il nous a inculqué l'amour, M. Thiers ne serait déplacé ni étonné dans aucune situation.

A plusieurs reprises l'Empereur lui a donné des preuves publiques de la haute estime qu'il a pour sa personne et pour son talent. M. Thiers était le chef du ministère décrété, en 1840, sur la plage de Boulogne ; en 1848, il n'a tenu qu'à lui de prendre ce titre dans le cabinet de l'élu du 10 décembre, et, depuis l'Empire, il est possible que plus d'une fois le chef de l'État ait regretté de ne pas obtenir, n'importe dans quel poste, le concours d'un homme qu'il a qualifié du titre « d'historien illustre et national. »

Mais le ministre de la révolution de 1830 pouvait-il être le coopérateur du pouvoir qui avait détruit les libertés parlementaires? Tout est heureusement changé depuis le décret du 24 novembre, et le héros de la bourgeoisie peut, sans scrupule, rentrer dans la carrière où son influence agirait sur la majorité des représentants actuels de la nation et où, dans la plupart des questions, des triomphes certains l'attendent. Il y rentrera quelque jour, soit que le Corps législatif actuel achève le cours des sessions sexennales, soit qu'un décret de dissolution replace les députés en face des électeurs. On comptera donc avec M. Thiers, parce qu'il ne sera pas seulement le représentant d'une région électorale, mais le chef de la bourgeoisie française.

Tel est le crédit dont il jouit auprès d'elle que, s'il approuve la guerre d'Italie et la destruction du pouvoir temporel du pape, presque personne n'osera élever la voix pour le contredire. A l'heure qu'il est, on s'inquiète souvent de l'opinion qu'il peut avoir sur tel ou tel point de politique. « Qu'en pense M. Thiers? » est une question toute faite qui circule dans bien des salons de Paris et surtout de la province.

Mais M. Thiers s'abuserait sur sa force s'il se croyait capable d'arrêter un instant dans leur cours les événements salutaires qui s'accomplissent. Il ne peut servir sa patrie qu'en lui déclarant qu'il approuve la politique actuelle de la France, et il ne saurait nuire au gouvernement de l'Empereur en essayant de le combattre au nom de la politique d'il y a vingt ans.

Quand on dit que M. Thiers est populaire et que ses amis ne le sont pas, c'est qu'on suppose qu'une fois donnée l'occasion d'agir encore, il se séparerait d'eux et renoncerait à tous les lieux communs de leur doctrine.

Aujourd'hui, peut-être, dans sa retraite, il reste attaché, par habitude et par des convenances d'amitié, à une partie des idées qui, en 1850, lui ont fait contracter une si déplorable alliance avec les meneurs du parti catholique; mais qu'il se retrouve de nouveau sur le théâtre de la politique active, en face de la France toute fière de ses armes libératrices et en face de l'Europe craintive ou reconnaissante, et il se rappellera les grandes scènes que le pinceau de sa jeunesse a si vivement peintes; il ressentira, par exemple, une joie plébéienne en voyant nos frontières portées déjà jusqu'au Mont Blanc. Il sera saisi d'un orgueil plébéien en nombrant les pas que que nous avons faits depuis deux ans dans l'admiration des peuples et dans l'épouvante des rois. C'est un semblable théâtre qui, en 1840, a manqué à sa gloire. Son audace, aujourd'hui, ne lui serait pas comptée pour un crime.

Ou achever de vivre dans un repos maussade et en

gâtant la fin d'une vie qui appartient à l'histoire, ou revenir sur la scène publique pour y sceller la réconciliation patriotique de la bourgeoisie [1] et des classes populaires, M. Thiers peut choisir. Il n'hésitera pas.

[1] On a employé ici des expressions qui ne devraient plus avoir de sens; car enfin où finit la bourgeoisie? où commence le peuple? Quels priviléges les séparent? Quel homme du peuple ne peut devenir bourgeois? Quel bourgeois a le droit de se croire supérieur à un homme du peuple?

Autrefois le tiers état se subdivisait en bourgeoisie et en peuple, et la bourgeoisie avait bien quelques avantages pour elle; mais aujourd'hui cette subdivision n'a pas lieu d'être.

Un grand mot a été lâché, le mot prolétaires. Nous devrions ne plus nous en servir : il signifie quelque chose comme machines à faire des enfants; c'est un mot injurieux et qui n'est point fait pour une nation qui jouit en principe de toute l'égalité désirable. Aux prolétaires, on opposerait les propriétaires; mais l'erreur est trop visible. Le plus grand nombre de ceux qu'on regarde comme des bourgeois n'ont point de propriétés, et le plus grand nombre des prolétaires, à la campagne, possèdent du bien.

Est-ce riches, est-ce pauvres qu'il faut dire? Mais il y aura toujours des citoyens plus riches que d'autres, et aucune ligne de démarcation ne sera jamais établie entre les diverses fortunes. Que désirent d'ailleurs les pauvres? Devenir riches. Que désirent ceux qui ne sont pas propriétaires? Posséder un bien. Les uns ont ce que les autres veulent avoir; tout le monde est donc d'accord, et ce n'est donc pas d'après le plus ou le moins de richesses des hommes que l'on doit les diviser en deux classes.

Tout est, d'ailleurs, mobile en fait de fortune. Le fils du pauvre sera riche, le fils du riche sera pauvre. Ce n'est pas comme quand le fils du noble était noble; et le fils du roturier, roturier.

J'entrevois une autre apparence de distinction : il y a ceux qui tra-

Il n'eût pas commencé la guerre d'Italie, mais elle est faite et n'a duré que deux mois; il n'eût pas ébranlé le trône pontifical, mais il n'en restera pas une pierre avant la fin de cette année ; il n'aurait à aucun prix signé le traité de commerce avec l'Angleterre, mais la nouvelle ère économique est inaugurée et il n'en sera pas

vaillent de leurs mains et ceux qui ne travaillent pas de leurs mains. Mais, si ce n'est un assez petit nombre d'oisifs qui pourraient passer leur temps à faire du bien, tout le monde travaille, et très-certainement le travail le plus pénible n'est pas toujours celui des mains.

La différence du travail, pas plus que la différence de la fortune, ne constitue une séparation des citoyens en deux catégories. En définitive, il n'y a en France que des hommes plus ou moins intelligents, créés tels par Dieu, et plus ou moins capables de tirer parti de leur travail. Les mieux doués doivent prêter secours aux autres.

Il est bien difficile de placer dans la bourgeoisie ceux qui sont le plus intelligents, et de reléguer dans le peuple ceux qui le sont moins. Ne nous classons, si nous voulons absolument nous classer, qu'en hommes instruits et en hommes ignorants.

Les hommes instruits sont ceux dont l'esprit naturel est très-vif, ou dont l'éducation a pu être soignée ; les hommes ignorants sont ceux qui manquent d'esprit naturel ou d'éducation. La société n'a rien à se reprocher pour ce qui regarde la nature des intelligences ; elle a tout à faire pour assurer à chacun une éducation suffisante.

Nous voilà enfin qui touchons à une définition juste : La bourgeoisie est la partie la plus éclairée du peuple ; le peuple est cette grande masse de la population d'un pays qui, par le fait de la nature ou par le hasard des conditions humaines, ne jouit pas du bienfait ou du bonheur de l'instruction.

Ni nos lois ni nos mœurs ne séparent irréparablement les uns des autres.

responsable. Le décret du 24 novembre 1860 n'est-il pas la préface d'une charte de 1830 compatible enfin avec les instincts démocratiques et les traditions glorieuses de la France?

Pourquoi supposer maintenant que M. Thiers, revenant sur la scène de la politique, s'entourera des débris de son vieil état-major et ne s'occupera qu'à recoudre des lambeaux de discours surannés? Si les républicains de 1848 l'avaient voulu, il marchait avec eux et peut-être la République ne périssait-elle point. Tout l'invite à travailler maintenant à la grandeur et à la liberté de la patrie. La bourgeoisie sortira de son apathie pour le suivre et l'imiter.

C'est ainsi que M. Jules Favre et M. Thiers ont un rôle à jouer en ce moment si intéressant de notre histoire.

Aux amis politiques de M. Jules Favre et aux amis de M. Thiers nul n'aurait la prétention de demander leur adhésion à des maximes de gouvernement qui ne seraient pas pénétrées de l'esprit démocratique ou de l'esprit libéral; mais la nation, dont ils ne sont qu'une partie et qui les enveloppe, a le droit d'exiger d'eux qu'ils se rappellent combien les temps sont changés, et qu'ils n'aillent pas, sous prétexte de défendre la démocratie et la liberté, entraver l'œuvre supérieurement libérale et démocratique qui est commencée depuis deux ans.

XIV

En dehors de ce grand parti libéral où prennent place, sous des chefs comme M. Thiers et M. Jules Favre, toute la jeunesse et toute la bourgeoisie, que reste-t-il?

Le peuple des ateliers et des champs? Mais ce peuple ne demande pas d'autre chef que l'Empereur, et les manœuvres de l'Église ultramontaine, même dans la Bretagne et la Vendée, n'en détacheraient presque personne.

Mettez les campagnes dans la nécessité d'opter ouvertement entre l'Empereur et les prêtres qui s'occupent de politique, il y a bien peu de départements où le clergé puisse se flatter raisonnablement de soutenir la lutte. Quiconque a vécu un peu avec les paysans le sait parfaitement. Que reste-t-il donc en dehors du grand parti libéral et national, à présent que l'Empereur a relevé la nation devant l'Europe et qu'il offre de relever la liberté devant la France? A peine quelques débris d'une aristocratie qui ne pardonne pas au pays sa Révolution de 1789 et quelques hauts titulaires de l'Église qui ne pardonnent pas à la civilisation d'avoir marché depuis le temps de Grégoire VIII et de Boniface VIII. Tout cela, c'est une poussière. La nation française est donc bien unie et d'une force à n'être comparée que de loin aux autres nations de l'Europe. Est-ce l'aristocratique Angleterre, tant qu'elle n'aura pas eu son 1789, qui peut se prétendre son égale?

Évidemment, si l'on ne s'entend pas, il peut rester encore en dehors du nouveau parti libéral et national non-seulement des légitimistes, mais quelques-uns de ceux qui n'admettent pas de transactions pour les principes de l'ancien orléanisme ou pour les principes républicains.

L'opinion légitimiste n'a pas de racines dans le pays, et le clergé, qui se trouve être quelquefois son agent le plus actif, n'est pas nécessairement et irrévocablement attaché au principe de la légitimité. Restent les partisans de la monarchie constitutionnelle, telle qu'elle a été pratiquée sous le règne de Louis-Philippe, et les partisans du gouvernement républicain. Ceux-ci, qu'on a tant de fois essayé d'avilir en les représentant comme les partisans systématiques du désordre et les pires ambitieux qui puissent agiter un pays, sont presque tous au contraire les esprits politiques les plus sincèrement dévoués à la grandeur et à la prospérité de la France. Ils ne font d'opposition irréconciliable qu'aux gouvernements qui érigent la tyrannie en système, et ils se rangent sans difficulté du côté de ceux qui veulent continuer et agrandir l'œuvre de 1789. Quant à ce qu'on appelle les orléanistes, il est à croire que ce n'est pas à une famille de princes qu'ils s'attachent et qu'ils n'ont à cœur que de voir restaurer la forme de la monarchie qu'ils préfèrent à toutes les autres. Peu leur importe, par conséquent, que ce soit un Comte de Paris ou un Napoléon IV qui succède à Napoléon III, pourvu que la France jouisse des bienfaits attachés aux institutions qu'elle a modifiées en 1848 et qu'elle a perdus en 1852.

Eh quoi! ces dissidents du parti libéral qui ne voudront pas, les uns par puritanisme, qu'on aide l'Empereur en quelque chose que ce soit, les autres par haine de la démocratie, que la seule liberté qu'ils aiment soit complice de la révolution italienne, ces dissidents resteront donc dans le morne silence où depuis bientôt dix ans ils ont voulu nous retenir tous avec eux!

Si c'était d'une partie de whist ou de billard qu'il fût question, l'on comprendrait l'abstention des anciens joueurs et, à côté de ceux qui les remplacent, on excuserait leur ironique curiosité ou leur dédain; mais c'est de l'avenir de la France, c'est de la patrie et de l'humanité tout entière que la cause est en jeu. Il n'est permis à personne, si grand personnage qu'il ait été, de traiter en mépris de tels intérêts. Si vous êtes sincèrement fatigué des affaires, lassé des grandeurs, rassasié du pouvoir, retirez-vous dans la solitude et faites votre devoir de catholiques ou de philosophes à la veille de la mort. Mais si voulez encore agir, agissez donc, instruisez nous, corrigez nos erreurs, produisez vos exemples. Pour des lamentations, elles ne vous font pas l'honneur que vous en voulez tirer, et ce n'est pas en effet une belle chose que de voir Achille imiter Cassandre.

Jusqu'ici nous n'avons parlé que de nos espérances. Nous les maintenons comme certaines. Nous sommes sûrs qu'un jour ou l'autre, après-demain si ce n'est demain, les amis de la liberté et de la démocratie s'uniront pour rendre à la France tout ce qu'elle a perdu et lui conserver tout ce qu'elle vient d'acquérir, aussi vigoureusement déterminés à réclamer l'exécution et la suite du nouveau programme de la politique intérieure de l'Empereur qu'à le soutenir dans les difficultés de sa politique étrangère. Mais enfin les passions humaines ne disparaissent pas comme un nuage que le vent chasse, et il est possible que nos anciens chefs et nos anciens maîtres essayent de nous faire honte de notre facilité à croire à la liberté, à la grandeur et à la prospérité de la France.

XV

Cependant qu'ont-ils fait pour garder sur la génération qui les suit l'autorité qu'ils réclament?

On leur disait : « Nous n'avons personne pour nous guider. Nul encore n'est sorti de nos rangs avec assez de jeune gloire pour que nous marchions sous ses ordres. C'est aux vieux chefs à nous conduire. » Quelques-uns partent alors de leur dépit muet, et, pour montrer qu'ils agissent, ils fondent un journal de taquinerie, comme le *Courrier du dimanche,* où quelques esprits libéraux se laissent enrôler pour faire enseigne, et ils organisent à l'Académie française la belle conjuration qui devait aboutir à l'élection du père Lacordaire et qui, dit-on, produira celle de M. de Carné. Vraiment, ce n'est pas là ce qu'on demandait à leur ancien courage.

D'autres ont accusé la jeunesse de notre temps d'être par trop indifférente à la politique et de ne pas se passionner, comme l'ont fait nos pères en 1830, et comme on l'a fait aussi en 1848, par des idées abstraites de justice, d'honneur national et de progrès. Le reproche est en grande partie mérité, et il est certain qu'il y a peu d'hommes jeunes qui, dans ces temps-ci, aient abordé les questions d'histoire, de morale et de politique contemporaine. Il n'est que trop vrai encore que la littérature même, dans ce qu'elle a de plus dégagé des soucis de la pensée, a langui depuis quelques années, et qu'il ne s'est guère produit de ces bonnes fortunes de début qui font honneur au public qui les donne, comme à ceux qui les gagnent. Mais on oublie qu'il n'est pas aisé pour une génération d'avoir à s'ouvrir une route sur le sol qu'une révolution vient de bouleverser.

Toutes les lumières de la terre sont éteintes, et il semble pendant longtemps qu'il n'y a plus d'étoiles au ciel. Comment diriger sa marche? Où aller pour éviter les chutes? Que penser d'abord pour agir ensuite?

Les événements de 1848 et de 1852 ont, plus profondément qu'on ne le semble croire, ébranlé les consciences de ces jeunes gens qui allaient avoir vingt ans, qui vont en avoir trente, et qui demain feront eux-mêmes l'histoire de France. Ils ne sont ni moins bien doués sans doute que les générations précédentes, ni moins pourvus de l'esprit d'entreprise, ni moins capables de courage; mais, à l'heure d'avoir une opinion et de la traduire en actes, ils se sont trouvés au plein du conflit des opinions et des intérêts les plus divers, et ils se sont habitués à hésiter entre leurs différents devoirs.

Les caractères sont abaissés! Voilà le grand mot de ceux qui sont le plus sévères pour la jeunesse. Mais, qui aura fait preuve de moins de caractère : celui qui a laissé succomber la liberté et l'honneur de la patrie, ou celui qui ne sait comment s'y prendre pour relever l'une et reconquérir l'autre? Qui aura encouru le plus justement la sévérité de l'avenir : ceux qui auront laissé à réparer tant de ruines, ou ceux qui, ne voyant de quel instrument ils pourraient se servir, n'y auront pas tout de suite porté une main réparatrice?

Il y a plus : Vous étiez jeunes et vous vouliez vous mêler, pour l'animer, à la vie publique. On vous arrête, au nom de souvenirs qui ne pèsent pas sur vous, au nom de scrupules et de rancunes qui ne sauraient être les vôtres. Et parce que quelques centaines de personnes ont été précipitées d'un pouvoir et de fonctions dont ils n'avaient pas su se servir avec assez de fermeté, on vous condamne, lorsque vous sentez le sang frémir en vos veines, à l'on ne sait quelle vertueuse abstinence d'action et de pensée. A l'âge de la retraite, il leur plaît de se considérer comme des stoïciens qui se dégagent volontairement de la corruption des affaires publiques ; et parce que ce rôle déguise assez bien leur impuissance, ils désirent que toutes les jeunes activités étouffent sous le même masque d'indifférence philosophique.

Déclarer qu'on s'ennuie à respecter cette singulière politique du silence et de l'abstinence, c'est trahir, disent-ils, les grands principes qui ont fait l'honneur de nos devanciers. Et comme leur voix vous est connue, comme leurs noms ont retenti glorieusement dans les souvenirs de votre enfance, comme ce sont les anciens chefs de la nation, vous hésitez encore, et la plupart de vous se laissent persuader qu'il n'y a rien de plus utile à la patrie que cette sainte horreur de la politique vivante.

Impatients et désespérés tout ensemble, quelques-uns des plus fiers s'indignent en voyant que leur virilité périt, et cependant ils la laissent périr. Les *Lettres d'Everard* nous peignent avec trop de vérité, hélas! le cruel tourment de ceux qui avaient faim et soif de la vie publique, et que l'on a si bien dégoûtés d'y prendre part qu'ils s'anéantissent en gémissant dans le plus inutile et le plus douloureux des supplices de l'orgueil.

Ç'a été une assez longue illusion du plus grand nombre, que de croire que de notre temps et avec les idées qui circulent dans l'air, on épuise un gouvernement en le laissant fonctionner seul. Et, d'ailleurs, n'était-il pas plus sensé de chercher à rendre telle ou telle chose impossible que de n'y pas mettre d'obstacle et de vouloir ensuite la détruire? L'expérience a montré le peu que valent ces manœuvres, pour maintenir comme pour renverser. Notre rôle, à nous qui n'avons pas notre honneur engagé dans les anciennes querelles, c'est de partir du possible et de nous mouvoir sur le champ qui nous est ouvert sans que nous l'ayons préparé.

Également éprise de l'honneur national et de la liberté politique, la jeunesse n'a à interroger personne pour savoir si elle doit approuver la campagne d'Italie, et de même elle n'a pas besoin de vains conseils pour reconquérir les portions de la liberté politique que, de son fait, elle n'a pas perdues. Instruite aussi par le seul spectacle du monde où elle entre, elle comprend bien qu'il est des problèmes nouveaux qu'en dehors des questions de liberté et de patriotisme, le cours de la Révolution française amène devant les générations successives. Le coup de tonnerre de 1848 n'est pas seulement pour elle le signal de la chute de quelques individualités vermoulues, c'est un avertissement donné au siècle pour qu'il marche plus vite et plus droit dans les voies de liberté et d'égalité tracées en 1789.

N'hésitons donc plus. Ceux qui nous retiennent encore sont des gens rassasiés de mouvement et d'ambition. Ils nous interdisent d'agir parce que la France est redevenue un Empire : eux-mêmes, ou bien leurs pères, ils ont été du temps de l'autre empire les plus empressés des auditeurs, des conseillers, des intendants et des préfets. La plupart ont occupé des postes sous trois régimes, montant et florissant toujours. En 1848 ils sont tombés; mais dès 1849 ils avaient coalisé leurs rancunes et leurs colères.

Nous n'aspirons pas à ces fortunes perfectionnées si heureusement sous l'Empire, sous la Restauration même et sous la monarchie constitutionnelle. Ce n'est pas de leurs anciennes fonctions qu'il nous sied d'être avides. Notre ambition nous mène à quelque chose de plus élevé. Ils ont perdu une partie de la liberté politique, et nous voulons la reconquérir tout entière; ils ont laissé dégrader l'honneur national, et nous sommes heureux de sentir qu'on le répare; ils ont oublié que 1789 n'a pas été fait pour substituer, dans la nation, une classe à une classe, et nous nous souvenons de 1848, qui réveilla le souvenir de l'égalité.

C'est nous qui sommes, sans attaches ni calculs, le parti nouveau, le fier, l'entreprenant parti de l'indépendance. Comme nous voulons lutter, nous sommes sûrs de vaincre. L'avenir, l'avenir prochain est à nous; c'est entre nos mains déjà que sont les destinées de la France.

XVI

Avant 1848, ce qu'on appelle en tout temps le parti de l'opposition comptait peu d'hommes avancés en âge dans ses rangs; de 1848 à 1852, les Mentors et les Nestors conspirent à leur tour contre le gouvernement de leur pays; en 1852, tout se tait, tout s'anéantit; mais depuis 1859, voici qu'un mouvement se fait parmi la jeunesse, et voici qu'elle passe peu à peu dans le camp où l'on agit. Pourquoi cela? pour avoir des croix et des rubans? Non pas, mais pour agir, parce que la loi de l'humanité est l'action, et que la civilisation, c'est le mouvement.

« Politique d'aventures et de casse-cou! » s'écrient les sages, « et voilà justement pourquoi nous refusons de toucher à toutes ces affaires, sans compter qu'il nous répugne toujours de n'être pas tout à fait libres. » L'histoire est là pour répondre qu'il ne s'est rien fait de grand sur la terre que par des coups de hardiesse, et que les aventuriers sont absous par les siècles dont ils abrégent d'avance le travail. Aller au-devant des orages de la fortune, c'est les vaincre et les dissiper.

On objecte qu'il est interdit à un homme d'État français de toucher au système d'équilibre européen qui, même après 1815, nous a laissé autour de nos frontières une ceinture de petits États; que faire l'unité de l'Italie c'est préparer l'unité de l'Allemagne, et que l'avenir de la France est en danger, s'il n'y a qu'une Allemagne et s'il n'y a qu'une Italie.

Ah! si l'Allemagne unique nous donnait demain la rive gauche du Rhin, nous n'hésiterions pas à l'accepter [1]. L'Espagne est donc perdue parce qu'elle a pour voisins la France unique, et la mer et le Portugal, c'est-à-dire la flotte de l'unique Angleterre? L'Allemagne est donc esclave parce qu'elle a sur son flanc gauche la France, et sur son flanc droit la Russie?

[1] Qu'on veuille bien se rappeler les paroles de l'un des prophètes de l'école catholique et monarchique, de M. de Bonald :

« Non, ce n'est pas à la France qu'il importe d'aller jusqu'au Rhin. Les habitants de l'ancienne France n'en seront ni plus ni moins heureux; son gouvernement n'en sera ni plus ni moins stable et fort. C'est pour l'Europe que cette mesure politique est nécessaire, parce qu'alors, et seulement alors, la France sera utile à tous les États et ne sera dangereuse pour aucun. La France serait au repos comme une arme détendue, et toute l'Europe y serait avec elle et par elle. »

Et puis, quelle est la fin de la politique et de la civilisation universelle? Où marche l'humanité? Les peuples seront-ils indéfiniment parqués dans des régions géographiques? N'est-ce pas notre rêve à tous qu'il n'y ait un jour qu'une famille sur la terre?

XVII

Posons une fois des questions tout à fait nettes. Ou les sociétés actuelles resteront ce qu'elles sont aujourd'hui ou elles se transformeront et se rapprocheront sans cesse de cette unité de la famille humaine qui doit être la fin de la politique et de la civilisation.

Or, est-il possible d'admettre que nous soyons arrivés à un état de choses absolument parfait et nécessairement immuable? L'histoire du passé nous raconte comment des races diverses, sous tous les méridiens, ont peuplé la terre; le spectacle du présent nous montre combien nous sommes loin encore d'une civilisation et d'une politique universellement égale et fraternelle; l'avenir, sans aucun doute, prouvera que Dieu a créé les hommes pour qu'ils triomphent, ensemble et tous, des maux matériels et des maladies morales qui assiégent l'humanité. Si telle n'est pas la pensée de Dieu, nous ne serions qu'un jouet de son caprice !

Eh bien, puisque les sociétés marchent, puisque les peuples se forment, puisqu'ils s'unissent, puisque la révolution de 1789 et le progrès des sciences ont ouvert une carrière plus rapide au développement des idées de concorde et de paix, hâtons-nous, non pas encore de répudier la précieuse vertu du patriotisme, mais de proclamer la politique nouvelle : celle de l'émancipation et de la fraternité des peuples.

Ce n'est pas à la France de trembler pour son avenir national. Les rois anciens la craignent et la combattent encore en trompant leurs peuples ; mais les peuples qu'elle a instruits, éclairés, affranchis, défendus, la béniront et la vénèreront à jamais. Quel sentiment a poussé l'Europe à relever les ruines de la Grèce? quel sentiment fait aujourd'hui encore que l'Europe sourit au réveil de l'Italie? L'Italie et la Grèce, berceaux de la civilisation païenne, sont protégées par le souvenir de leur vieille gloire bienfaisante, et il y a de la reconnaissance dans l'appui qu'on leur a prêté. Quelle reconnaissance plus sûre et plus durable encore n'inspirera pas cette France qui n'a pas civilisé les peuples en les domptant comme la Grèce et Rome, mais en les affranchissant !

XVIII

Laissez donc se faire l'Italie, et laissez-la proclamer l'unité italienne. Est-ce à nous d'objecter la différence des races, des caractères, des mœurs et des langages de ses divers États? Autant déclarer que l'unité de la France n'est pas possible, parce que les Marseillais ne ressemblent pas aux Picards et aux Flamands; parce que l'Alsace n'a rien de commun avec la Gascogne.

Qu'eussions-nous dit si avec de pareils mots on eût voulu nous empêcher, sous Louis XI et sous Louis XIV, de nous constituer en une même nation française?

Comme aujourd'hui en Italie, c'est du pied des monts que descendirent jusqu'à Grenade et jusqu'à Cadix les libérateurs de l'Espagne. La domination arabe, vieille de sept siècles, avait le droit de se croire légitime, quand elle fut bouleversée. La Biscaye, les Castilles, l'Aragon et les royaumes du Sud et de l'Ouest pouvaient dire qu'ils voulaient tous conserver leurs vieilles dynasties et qu'une confédération seule devait les unir.

Cependant l'Espagne unique a été faite. Comment l'Heptarchie saxonne est-elle devenue l'Angleterre? Comment s'est formé le Royaume-Uni de la Grande-Bretagne? Comment a été faite la Prusse, ce lambeau de l'Allemagne, et comment la monarchie autrichienne, le seul des grands États qui ne puisse invoquer le droit des races et des nationalités à se chercher et à s'unir?

Quelque temps encore les ennemis de l'unité italienne, et surtout les défenseurs de la légitimité, parleront des résistances que le roi d'Italie rencontrera dans l'ancien royaume de Naples. Il y a un siècle et demi, quand le jeune aïeul de François II vint y recueillir l'héritage de Charles II d'Espagne, la résistance allait jusqu'à l'assassinat; et, comme aujourd'hui, c'était de Vienne et de Rome que partaient les mots d'ordre de ces barbares conjurations[1].

[1] Il y a dans Saint-Simon (au chapitre xxx, année 1702) une page curieuse. Quand le duc d'Anjou, petit-fils de Louis XIV, devint le roi de Madrid et de Naples, Philippe V, l'Autriche et une partie des cardinaux combattirent le premier Bourbon italien comme ils voudraient combattre le premier roi d'Italie.

« Tandis que Philippe V n'était occupé qu'à répandre des grâces sur les seigneurs et sur les peuples du royaume de Naples, les privilèges confirmés, les dettes remises, il se brassait une conspiration conçue à Vienne, tramée à Rome, et prête d'éclater à Naples; il ne s'agissait de rien moins que d'assassiner le roi d'Espagne. Un des conjurés qui le vit le lendemain de son arrivée fut tellement touché de compassion en le considérant, qu'il prit sur le champ la résolution de découvrir le complot.

« Il donna les lettres qu'il avait apportées; il indiqua des gens travestis en moines et des moines aussi qui devaient arriver le lendemain par différentes portes. Effectivement ils arrivèrent et ils

Mais, quoi qu'il arrive, qu'on ne parle plus de cette ridicule royauté des Murats !

XIX

Point de Murats ! Voilà encore un cri politique à jeter à tous les vents. Point de Murats en Italie !

La France ne doit rien à la postérité du soldat vulgaire qui, mis sur un trône et placé parmi les rois par le bras et au prix du sang de la France, a trahi sa patrie

furent arrêtés en entrant dans la ville avec les lettres dont ils étaient chargés, qui vérifièrent tout. On se saisit de plusieurs seigneurs ; un plus grand nombre prit la fuite ; les prisons furent remplies de criminels. Cependant on avait secrètement dépêché à Rome, où on se saisit de la cassette du baron de Livola que l'Empereur y tenait avec une sorte de caractère. Il s'y trouva tant de choses précises sur le projet et l'exécution, que la cour de Vienne n'osa crier contre cette violence.

« On crut éteindre toute mauvaise volonté par la clémence, la confiance et les bienfaits. Ils furent poussés jusqu'à former un régiment des gardes entièrement composé de Napolitains, officiers et soldats, auxquels le roi déclara qu'il voulait confier la garde de sa personne. Il fut incontinent sur pied. M. de Vendôme découvrit, par des lettres interceptées, que des officiers de ce régiment avaient traité avec le prince Eugène de lui livrer le roi d'Espagne mort ou vif. »

Plus tard, on éventa bien d'autres complots semblables.

à l'heure de sa plus cruelle infortune. Souvenez-vous du traité du 6 janvier et du traité du 13 janvier 1814, vous qui songez à restaurer la prospérité royale d'un nom peu digne de la gloire. C'est le 6 que Murat s'est donné à l'Angleterre ; c'est le 13 qu'il s'est donné à l'Autriche. La sœur de Napoléon, la reine Caroline, lui tendit la plume qui signa son déshonneur. C'était au moment où les dernières phalanges de la Grande Armée allaient mourir sur les bords désolés de la Marne et de la Seine.

Et, en 1859, le sang de nos soldats aurait coulé encore, non pour affranchir et régénérer l'Italie, mais pour qu'un Murat pût succéder à un Bourbon. Mais les Bourbons aussi étaient Français !

La France répudie des idées si grossières. Elle ne peut pas récompenser la trahison par des couronnes. L'Europe, d'ailleurs, ne souffrirait pas ces manéges, et il serait par trop ridicule de dire que l'Italie y donnera les mains : l'Italie, qui sait que pour longtemps l'unité signifie l'indépendance, qui veut que son parlement unique siége à Rome, et qui n'oubliera pas qu'au Sénat français le prince Murat, et le comte Murat au Corps législatif, ont tous les deux voté avec les partisans de la politique de Rome !

Ils ont voté pour Rome, non sans doute à cause de Rome, mais à cause du trône de Naples qui peut être relevé tant qu'il y aura une royauté temporelle assise au Vatican.

XX

Ici la question italienne devient plus nette encore. Si les Italiens, par la suite des temps, veulent qu'il y ait une confédération et non pas une royauté unique en Italie, ils seront toujours les maîtres de briser leur unité; mais, en ce moment, leur plus pressant intérêt de peuple menacé par l'Autriche, c'est d'être un seul peuple. Là est la garantie de leur indépendance.

Ajoutons qu'en ce moment aussi l'intérêt de la civilisation moderne exige, ne fût-ce que passagèrement, l'unité de l'Italie; car le pouvoir temporel de la papauté ne peut être sacrifié qu'au principe de l'unité italienne, et le temps est venu qu'il faut qu'il disparaisse.

Tout a été dit pour le condamner, comme pour le défendre. La cause est entendue; c'est à l'Italie d'exécuter elle-même l'arrêt que le dix-neuvième siècle a rendu. Utile pendant la plus grande partie du moyen âge, la royauté temporelle du pape n'a pas de raison d'être dans la société européenne que la révolution a créée.

On accumule les textes pour essayer de résister encore, avec l'autorité de quelques grands esprits. Voici la réponse que fit Napoléon, le 27 octobre 1808, aux députés des anciennes provinces romaines, après la réunion de Rome à la France :

« Les ecclésiastiques doivent se renfermer dans le gouvernement des affaires du ciel. La théologie, qu'ils apprennent dans leur enfance, leur donne des règles sûres pour le gouvernement spirituel, mais ne leur en donne aucune pour le gouvernement des armées et de l'administration. La décadence de l'Italie date du moment où les prêtres ont voulu gouverner et les finances, et la police, et l'armée. »

Que parle-t-on du Concordat pour mettre Napoléon en contradiction avec lui-même? Le Concordat n'est qu'un traité de politique spirituelle.

Voici maintenant ce qu'a écrit Chateaubriand, l'auteur du *Génie du christianisme* et le promoteur du mouvement de renaissance religieuse qui, au commencement de ce siècle, a déterminé le premier Consul à signer le Concordat :

« Ainsi que M. de Lamennais, je demande l'affranchissement des hommes. Je demande encore, ainsi qu'il le fait, l'émancipation du clergé ; mais je ne crois pas que la papauté doive être une espèce de pouvoir dictatorial planant sur de futures républiques.

« Le christianisme devint politique au moyen âge par une nécessité rigoureuse : quand les nations eurent perdu leurs droits, la religion, qui seule alors était éclairée et puissante, en devint la dépositaire. Aujourd'hui que les peuples les reprennent, ces droits, la papauté abdiquera naturellement les fonctions temporelles, résignera la tutelle de son grand pupille, arrivé à l'âge de majorité. Déposant l'autorité politique, dont il fut justement investi dans les jours d'oppression et de barbarie, le clergé rentrera dans les voies de la primitive Église, alors qu'il avait à combattre la fausse religion, la fausse morale et les fausses doctrines philosophiques.

« Je pense que l'âge politique du christianisme finit, que son âge philosophique commence ; que la papauté ne sera plus que la source par où se conservera le principe de la foi, prise dans le sens le plus rationnel et le plus étendu. L'unité catholique sera personnifiée dans un chef vénérable représentant lui-même le Christ, c'est-à-dire les vérités de la nature de Dieu et de la nature de l'homme. Que le souverain pontife soit à jamais le conservateur de ces vérités auprès des reliques de saint Pierre et de saint Paul! Laissons dans la Rome chrétienne tout un peuple tomber à genoux sous les mains d'un vieillard. Y a-t-il rien qui aille mieux à l'air de tant de ruines? »

Le pape à Malte, c'est un non-sens ; le pape à Jérusalem, c'est une ironie. Le pape à Paris, c'est inutile ; à Madrid, à Munich, à Venise, c'est impossible. Non ; il faut que le pape reste à Rome, près de la basilique de

Saint-Pierre et près des Catacombes. Mais ce qu'il faut aussi, une fois que l'indépendance du pape aura été garantie et consacrée, c'est que la papauté devienne une institution catholique.

XXI

En effet, le pape est-il un prince catholique? Assurément la question paraît d'abord étrange; il y a cependant bien longtemps qu'on peut répondre : Non, en tant que prince, le pape n'est pas catholique; le pape n'est qu'un prince italien.

Que signifie le mot de catholicité si ce n'est pas l'ensemble de tous les hommes qui font profession de croire ce qu'enseigne la chaire pontificale de Rome? Or, il faut remonter bien loin dans l'histoire de la papauté pour voir l'Église universelle élire son souverain pontife. Dans les premiers temps il y eut des papes grecs, des papes syriaques, des papes africains, mais ce fut presque toujours le clergé et le peuple de Rome qui, seuls, les élurent. A partir du douzième siècle, ni le peuple ni le clergé de Rome ne gardent même ce pouvoir d'élection. Le pape Alexandre III et le concile de Latran décident qu'il

n'y aura désormais que les cardinaux en droit d'élire le pape.

Comptez donc soit les papes, soit les cardinaux, depuis qu'existe l'institution de la papauté et du cardinalat. Un cinquième au plus a été choisi en dehors de l'Église et de la nation d'Italie. A partir d'Adrien VI, qui vivait il y a plus de trois siècles, aucun pape n'est sorti de France, d'Espagne ou d'Allemagne. Ç'a été une maxime constante de la politique italienne de ne choisir le prince de Rome que parmi les Italiens, et les électeurs eux-mêmes de la papauté ont toujours été presque tous des Italiens.

Il en résulte que le pape n'est pas, comme il devrait l'être, le chef et le représentant de l'Église universelle. C'est sa souveraineté temporelle qui en est cause. Il est un prince d'Italie avant d'être le chef de la religion. Qu'il cesse d'être un roi temporel, et l'Église entière peut députer au conclave les électeurs qui lui mettront sur la tête sa couronne spirituelle. Tant qu'il restera prince, les cardinaux et les papes, nécessairement nés en Italie, ne sortiront pas véritablement du sein de la catholicité.

C'est donc bien une question italienne, et purement italienne, que celle qui se débat aujourd'hui. Si l'Église universelle a un vœu à faire, elle doit désirer que l'Italie décharge le pape italien de sa souveraineté temporelle. Le lendemain du jour où le pape ne sera plus ce qu'était le duc de Toscane ou le duc de Modène, il reviendra le chef véritable de la catholicité. Mais jusqu'à ce que ce jour soit venu, le pape n'est pas catholique.

De quel droit, en vertu de quel texte sacré l'Italie a-t-elle le privilége de fournir au monde entier la presque totalité de ses cardinaux et la totalité de ses papes? Pourquoi l'homme, né Français, ou Espagnol, ou Irlandais, ou Allemand, ne peut-il être jamais chef infaillible de l'Église? Pourquoi l'Église française, qui est la plus instruite, la plus sage ordinairement et la plus vertueuse des Églises, est-elle à tout jamais écartée de la chaire de saint Pierre? C'est, encore une fois, parce que la papauté, depuis qu'elle est jointe à une royauté temporelle, n'est pas une institution catholique.

Que la volonté de Dieu soit donc faite. Que l'Italie soit maîtresse de ses destinées; qu'elle retire le pouvoir temporel au prince italien qui règne à Rome et qu'il y ait, dès ce siècle-ci, au palais pontifical du Vatican, un pape né à Dublin, à Bruxelles, à Munich, à Vienne, à Lisbonne ou à Paris.

XXII

L'occasion est unique et infiniment précieuse :

Hâtons-nous d'achever cette grande réorganisation de l'Église, pour atteindre la deuxième étape de la carrière ouverte en 1789. Et tant pis pour ceux qui ne comprennent point quel pas aura fait la civilisation universelle ! Qu'ils s'obstinent, s'il leur plaît, à maudire la rapide et féconde guerre d'Italie ! Ils devraient, du moins, se souvenir que c'est la guerre d'Italie qui a rendu à la France une partie de ses libertés et qu'elle lui fera rendre le reste[1].

[1] A la fin de février 1859 il a paru une brochure qui a été immédiatement saisie et poursuivie. Elle avait pour titre les mots : *En avant!* et indiquait les unes après les autres, dans l'ordre où elles se sont réalisées, les chances probables et les conséquences naturelles de la guerre d'Italie. L'auteur s'exprimait ainsi dans l'une de ses dernières pages :

« Nous avons dit que, désunis, désorientés comme nous le sommes, c'est peut-être notre chemin le plus court, pour revenir à la liberté, que de passer par quelque grande aventure.

« Cependant n'y a-t-il pas moyen de ne rien perdre des premières tentatives faites en ces derniers temps pour retrouver ce chemin des idées et des mœurs libres? Il est faux sans doute que l'alternative soit posée entre la liberté et la gloire.

« L'esprit le moins clairvoyant pouvait saisir sans peine, depuis

Nulle autre question que celle de l'unité italienne et de la suppression du pouvoir temporel ne peut diviser les diverses catégories de l'ancien et du nouveau parti libéral. On s'entendrait facilement sur la politique à suivre au milieu de toutes les autres agitations du monde. Mais la jalouse Europe n'attend pas nos arrangements. Si l'Autriche, ces jours-ci, faisait mine de vouloir franchir bientôt le Pô, à Mantoue et à Ferrare, c'est qu'elle avait appris qu'au Sénat et au Corps législatif un certain nombre de Français s'étaient levés pour blâmer la politique de la France et pour condamner l'Italie au joug perpétuel de ses anciens maîtres.

Il est indispensable que toutes ces divisions et que toutes ces hésitations aient une fin. Puisque la politique de la France est engagée comme jamais elle ne l'a été dans des complications qui ressemblent à un remanie-

les élections du mois de juin 1857, le mouvement qui se faisait en France. Ce mouvement, c'était comme le premier geste d'un malade qu'une fièvre cérébrale a condamné au repos absolu, et qui, peu à peu, sent se réveiller sa puissance volontaire. La guerre va donc nous replonger dans l'insensibilité ou dans l'immobilité? Cette question est la plus sérieuse que puissent adresser ceux qui aiment surtout la liberté à ceux qui aiment également la liberté et la patrie. Ce n'est pas aux simples citoyens d'y répondre; mais, s'ils ont un vœu à former, c'est que si la France a des sacrifices à faire, ces sacrifices lui soient payés comme elle le mérite.

« La guerre d'Italie doit nous rendre une part de notre liberté. La suspension de la liberté abrégée et l'amnistie proclamée, nous sommes invincibles dans la guerre, si nous avons la guerre. »

ment de l'Europe, nos petites dissertations byzantines sur le juste et l'injuste doivent absolument faire place à une grande et noble manière de comprendre et de sentir nos devoirs de nation directrice du monde.

XXIII

Le décret du 24 novembre 1860 nous a remis en possion de nous-mêmes. Il nous dégage, non pas de nos souvenirs, mais de nos scrupules; il nous arrache, vertueuses ou non, intelligentes ou non, à notre rancune et à notre indifférence. Que ceux qui ont du cœur conspirent tout haut pour réclamer du gouvernement les libertés qu'il n'a pas rendues et pour donner au gouvernement le moyen de conserver et d'accroître la gloire et la puissance extérieure qu'il a conquise.

Le Sénat juge que la liberté de la presse n'a pas de progrès à faire; le Corps législatif refuse de demander au gouvernement le rapport de la loi de sûreté qui ne devait être qu'une mesure de politique temporaire et dont il est difficile d'expliquer le maintien après qu'il a été décrété une amnistie aussi large qu'on pouvait la désirer; et lorsque le moment arrive de réclamer le droit auquel il tient le plus, celui de voter le budget, non plus par ministères, mais par chapitres, c'est-à-dire le droit, puisque son vote l'en rend responsable, de contrôler et de modifier effectivement l'emploi des finances publiques, le Corps législatif se contente d'une promesse à exécuter l'année prochaine. La France est plus libérale que le Corps législatif et que le Sénat. Elle est aussi libérale que l'est aujourd'hui la pensée de l'Empereur.

Elle veut bien mettre en lui sa confiance, mais à condition qu'il continuera à dissoudre, partout où son bras peut atteindre, les éléments désorganisés de la société ancienne et à organiser la nouvelle société démocratique; à condition que la liberté de penser, de parler et d'écrire nous sera rendue bien entière, parce qu'il n'y a pas de trésor plus précieux pour un peuple, même quand il ne sait pas s'en servir sans reproche, et que la démocratie sans la liberté n'est pas la juste et superbe démocratie décrétée en 1789 ; à condition que l'instruction et les lumières seront répandues à flots dans les villes et dans les campagnes, comme le pain et le travail le sont déjà; à condition que la communication entre le peuple entier et le chef de l'État soit continuelle, directe et sincèrement dégagée de toutes les entraves qui ont pu peser jusqu'ici sur l'expression de la volonté nationale.

Si les personnages actuellement placés entre la nation et le chef de l'État ne sont pas les intermédiaires dont la politique nouvelle a besoin, la France désire que l'Empereur avise.

XXIV

De cette manière seulement peut s'accomplir, même au milieu de tant de menaces de guerre, le programme de la paix, ce programme si cher non seulement à l'industriel, au négociant, à l'agriculteur, à l'ouvrier, mais au philosophe et au patriote.

Que craignons-nous en ce moment? qui nous empêche de nous livrer avec confiance aux travaux et aux affaires? c'est la physionomie générale des événements accomplis qui nous effraye, et la perspective d'événements plus extraordinaires encore. Mais il dépend de nous de diriger et d'éteindre la foudre dont paraissent chargés les nuages. Exprimons clairement notre volonté unanime, et l'Europe la respectera. Ce qu'il y a d'incertitude dans la politique extérieure, l'indécision de notre propre politique intérieure l'entretient et peut l'accroître. Il faut dire alors, oui ou non, si ce qui vient d'être fait en Italie a notre approbation et si nous souhaitons que les entreprises commencées s'achèvent. Des discussions comme celles du Sénat et du Corps législatif n'avancent aucune question et ne font que prolonger le malaise des esprits en épaississant l'obscurité qui les enveloppe. Que le gouvernement, dans une telle circonstance, se dégage de la gêne où sa politique passée l'a mis, et qu'il agisse avec rapidité et avec franchise : le peuple de France ne lui marchandera pas son concours.

Soutenu par l'approbation populaire, entouré et soutenu en même temps que maintenu par l'élite du grand parti libéral et national, qui s'adressera directement à lui au nom de la France de 1789, de 1830 et de 1848, et qui écartera de son entourage les derniers paladins de l'ancien régime et de la Restauration, le chef de la nation libre et libératrice de la France aura le droit de parler avec autorité et sans recourir aux subtilités diplomatiques, non-seulement aux princes étrangers, mais aux nations étrangères et à tous ceux qui, sous l'inspiration de la France et avec l'espoir de son appui, demandent que luisent enfin des jours meilleurs pour l'humanité.

XXV

La Pologne, soit d'elle-même, soit guidée par une main invisible, est entrée dans le chemin de justice qui peut conduire tous les peuples souffrants à la liberté nationale. Après l'inutile et sanglant effort de 1830, elle semblait incapable de soulever jamais la pierre d'un tombeau fermé depuis un siècle, et la voilà qui sort de cette tombe où les anciennes monarchies l'ensevelirent après l'avoir assassinée, et d'où la Révolution la rappelle. La France, son amie, applaudit à cette résurrection lente, mais ferme, et la Russie, sa geôlière jusqu'ici, s'entend peut-être avec la France pour que la grande iniquité du dix-huitième siècle soit réparée avec calme et avec dignité.

Plût à Dieu que le césar autrichien imitât cette conduite de roi moderne et permît à Venise de respirer un air libre. L'Autriche tient donc bien à s'épuiser d'hommes et d'or pour opprimer une terre où ne fleurira jamais pour elle aucune moisson volontaire, pour posséder une cité maritime dont la prospérité, jour par jour, achève d'expirer sous son joug. Il faudra donc que l'Italie, unie, organisée, la lui demande les armes à la main, et que la France, avec ses alliés, dans ce dernier duel, seconde l'Italie? Mieux vaut croire que l'Autriche, arrivée au dernier terme de son ancienne histoire, se régénère enfin, et que sa monarchie libérale affranchira Venise italienne. La nécessité et le retard de cet affranchissement seul sont un péril pour le maintien de la paix européenne; mais il n'y a aucune raison pour que l'Italie commence à présent sa dernière et dangereuse conquête, et il y a bien des motifs pour croire que d'ici à peu de temps, de grands changements auront eu lieu dans la politique autrichienne.

L'Europe n'a guère à s'inquiéter ni de la Hongrie ni pour elle. L'Empire d'Autriche n'est rien sans la Hongrie et les Hongrois sont maîtres de son sort et du leur.

XXVI

Chaque jour simplifiera les événements, si la France se maintient dans une attitude de caractère. Avec son seul regard et sans même un geste de son bras, elle gagnera des batailles pour la liberté. Depuis que, le 24 juin 1859, elle a quitté le valeureux champ de bataille de Solferino, a-t-elle tiré un coup de fusil quelque part? C'est elle pourtant qui a délivré les États de l'Église, la Sicile et Naples d'une domination incapable ou cruelle. C'est à elle que les Autrichiens doivent leur constitution; c'est elle qui a donné à la Pologne et à la Hongrie le signal de l'indépendance. C'était elle déjà, en faisant la campagne de Crimée, qui avait contraint le gouvernement de la Russie à tirer la Russie de son vieux servage.

Elle tentait alors d'infuser le sang de la civilisation

dans le corps délabré de la Turquie. Mais peut-être la Turquie va mourir. Soyez tranquilles; nous sommes prêts encore pour le partage d'une succession désirée par tous et encore plus redoutée. Que la France soit fière, unie et forte, et si les dépouilles de la Turquie ne sont pas à nous, elles ne seront à personne.

XXVII

On se demande où sont les alliés de la France. S'il s'agit d'une guerre révolutionnaire, ils sont partout; mais une guerre révolutionnaire et universelle est une extrémité douloureuse à laquelle il n'est pas juste que l'humanité soit condamnée deux fois dans un siècle, et c'est assez pour le nôtre des vingt-cinq années de massacres au milieu desquelles il est né : s'il s'agit d'une guerre politique, comme la récente guerre d'Italie, la France a pour alliés principaux, à son choix, la Russie ou l'Angleterre. L'une et l'autre, n'en doutons pas, forment un vœu secret, c'est de ne se trouver jamais face à face en présence de notre flotte et de notre armée. Il a été successivement de mode de recommander l'alliance anglaise à l'exclusion de l'alliance russe ou l'alliance russe à l'exclusion de l'alliance anglaise. L'intérêt de la

France est de tenir en respect l'une par l'autre de ces deux puissances et de se servir de l'une ou de l'autre sans aucun esprit de système et pour le seul avancement de ses desseins. Quoi qu'il arrive, nous aurons toujours avec nous l'Angleterre ou la Russie.

On a vu en 1854 et en 1855 de quelles forces effectives et de quels appuis diplomatiques nous pouvions disposer contre la Russie. L'Angleterre n'ignore pas que contre elle nous aurions des ressources égales. Le Danemark n'a pas oublié l'exécrable bombardement de Copenhague ; la Russie serait fière de faire sortir de la Baltique une grande flotte qui rallierait la flotte de Cherbourg ; la Suède sentirait les liens antiques qui s'attachent à la politique française ; l'Espagne n'a pas renoncé à se délivrer du déshonneur de l'occupation de Gibraltar ; et l'Italie, dont un parti s'efforce en vain de nous présager l'ingratitude, par l'intérêt plus encore que par l'affinité des races et par la reconnaissance, demeure pour un siècle notre obligée et notre alliée fidèle. L'inquiète Angleterre a compté déjà les vaisseaux de toutes ces marines, et l'anxiété fait trembler parfois dans ses mains le fil qui retient à tous les coins du monde, comme des cerfs-volants, ses points de relâche et ses colonies. Un seul jour ne peut-il pas suffire pour réduire à néant son empire ambitieux ?

Ce n'est pas la France qui périrait en une journée.

Les alliances de la Prusse et de l'Autriche sont des

alliances secondaires et incertaines. On ne peut, en aucun temps, compter sur la Prusse, qui, moitié féodale et moitié révolutionnaire, ne sait au juste ce qu'elle veut, et qui, même si elle le savait, n'aurait pas la force de l'exécuter[1]. L'Autriche, à un moment donné, nous servirait mieux; mais d'ici à longtemps, et tant que la question de Venise ne sera pas réglée, tant que la Hongrie n'aura pas fait un pacte avec l'archiduché de Vienne, il est difficile de prévoir une situation où la France pourrait s'entendre avec l'Autriche pour une alliance offensive et défensive, et c'est une des plus singulières causes que l'on ait pu plaider que l'éloquente et la spécieuse déclamation de M. de Lamartine, dans ses récents *Entretiens de littérature*, sur le caractère de nécessité et sur l'utilité incomparable d'une perpétuelle alliance autrichienne.

[1] Elle vient de menacer le Danemark pour lui prendre sa côte maritime d'Eutin, mais elle n'exécutera pas sa menace.

On ne sait pas assez en France que dans la querelle aujourd'hui flagrante qui divise le Danemark et ses duchés allemands, c'est du côté de la monarchie danoise qu'est tout l'intérêt de la cause libérale et civilisatrice. Le Holstein est asservi à une aristocratie féodale qui ne veut pas qu'on accepte aucune des lois démocratiques; et sous le prétexte de la revendication des droits nationaux, ce sont ces barons du moyen âge qui veulent entretenir la révolte.

. . . .

XXVIII

N'importe comment et quelque coup inattendu qui précipite la fin du drame dont l'Europe est le théâtre, nous aurons des alliés, si nous avons des ennemis; et, dans les dernières extrémités, nous sommes le seul peuple qui puissions tout à coup demander, en méprisant les rois, l'appui, le salut, l'acclamation de tous les peuples.

Mais, encore une fois, rappelons-nous quelle fut notre impuissance, en 1840, sous la monarchie constitutionnelle, et, en 1848, sous la République. Orléanistes et républicains d'autrefois, unissons-nous pour que la patrie nous doive de rentrer dans la jouissance de toutes les libertés qui nous sont chères; mais n'oublions pas de quelle autorité morale a besoin aujourd'hui le chef de la France, et qu'il y a un intérêt national supérieur à tous les intérêts, lorsque la mission civilisatrice de la France doit s'accomplir au travers de tant de difficultés et d'obstacles.

Nos maladresses, nos erreurs, nos fautes, nous avaient dépouillés de toute notre force extérieure et de toute notre liberté intérieure. Les gens de l'ancien régime et de la Restauration en étaient arrivés, ô honte! à nous croire une proie, que gardait pour eux l'aigle de l'Empire; mais l'Empire s'est rappelé qu'il représente au dehors la force et la gloire de la Révolution, et l'Empereur nous a permis enfin de nous rappeler que la liberté de la France est dans nos mains.

La perdrons-nous encore, au milieu des lamentations, des récriminations et des querelles? Retomberons-nous sous la verge nécessaire? Que ceux qui ne veulent plus de coups de verge, que ceux-là surtout qui ne les avaient pas mérités, s'occupent enfin de faire dignement l'histoire de la fin d'un si grand siècle!

10 avril 1861.

www.ingramcontent.com/pod-product-compliance
Ingram Content Group UK Ltd.
Pitfield, Milton Keynes, MK11 3LW, UK
UKHW031942260826
14628UKWH00004B/1792

9 782013 256377